Ein Tropfen

purpurrot

ist Liebe

im

Fluss

ohne Grenzen

Bibliografische Information der Deutschen Nationalbibliothek:
Die Deutsche Nationalbibliothek verzeichnet diese Publikation
in der Deutschen Nationalbibliografie; detaillierte Daten sind im
Internet über
«http://dnb.d-nb.de» abrufbar.

© 2006 Charlott Ruth Kott
Satz, Umschlaggestaltung, Herstellung und Verlag:
Books on Demand GmbH, Norderstedt
ISBN-10: 3-8334-5403-2
ISBN-13: 978-3-8334-5403-5

Charlott Ruth Kott

Sternenstaub und Rosenwind

Malerei und Gedichte

›Rosenwind‹ Ausschnitt, Acryl 2003

Provence am Morgen

Vertraute Wege

rot der Mohn

blaue Iris in Fülle

Ginster im Wind –

ein Himmel

ohne Wolken

zitternde Gräser

benetzt

von Tränen

der Nacht

› Großer Garten ‹ Ausschnitt, Acryl 2004

Gelbe Narzissen

Aufbruch – Aufbrechen
Erstreben – Emporstreben
noch so zart
so grün die Blätter
der Stiel

Weise – vorhersagend
strebend zum Licht
sie künden –
zärtlich und leise
den nahenden Frühling an

Das Gelb
die Farben der Sonne –
es leuchtet facettenreich
dem Licht entgegen –
mit Freude und Lust

Das Streben - das Strecken
grazil und schön –
einem Holzschnitt gleich
die Silhouette erzittert
im Frühlingswind

› Provence ‹ Pastell 2005

Jacobsleiter

Tanzende Seelen

vertrauen

in Liebe –

streben

gen Himmel –

zum Höchsten empor

› Ohne Titel ‹ Acryl 2005

Holunder

Die Dolden

rein und weiß

leuchten im Nebel

den Sternen entgegen –

der Duft

betäubend und schwer

umhüllet

verschwiegen

die Träume

› Feuerwerk ‹ Radierung 2005

Grüner Schmetterling

Ein Blatt,

hellgrün leuchtend –

wie kommt es hierher?

Als meine Hand danach greift,

fliegt es auf:

Ein Licht durchfluteter Schmetterling.

Wo bist du?

› Baumgeschichten ‹ Pastell 2004

Im Meer von Blüten

lacht die Sonne

Gott schuf sie

diese Erdenpracht –

ein Schmetterling

fliegt auf

gen Himmel

noch weit, weit

entfernt

ist seine Nacht

› Provence 2005 ‹ Pastell 2005

Granatapfel

Rau, zerbrechlich aufspringend –

noch grün die Schale.

Sichtbar die Perlen der Liebe –

feurig, herb, tränengleich.

Feurig im Innen –

glänzend, sprühend die reife Frucht.

Lebendiger Gleichklang

rubinroter Perlen.

› Granatapfel ‹ Linoldruck 2004

Morgen – Tau

Komm, nimm mich auf,

lass mich die zarten Lippen spüren.

Öffne dich, erblühe neu –

im Licht der Sonne.

Leise wiegen dich die Halme,

im Frühlingswind erklingt ein Lied.

Himmelblau erstrahlt der Morgen,

erfrischt vom Tau – Vergissmeinnicht.

› Märchenbäume ‹ Pastell 2005

Honiggelbe Blütenträume

Der Duft

der Klang von Violinen

ein Lied der Seele

fällt leise

in ewigen Schlaf

Atme mich

in deinen Armen

vertraue dir

halt mich fest

› Schöpfung ‹ Acryl 2005

Sternenstaub

und Rosenwind –

erträumt

den Tag

die Nacht

› Rosenwind ‹ Ausschnitt, Acryl, 2003

Erde

ein Geschenk des Himmels

behüte du

das Korn im Wind –

bedenk,

dass wir

unendlich weit,

weit auf dem Weg

zum Himmel sind

› Ursprung ‹ Pastell 2005

Nicht gewollt
noch geliebt
gewachsen
im Schatten –
dem Licht
entgegen

Geboren
im Stern der Liebe
vom Schöpfer erdacht –
der Glaube
die Hoffnung
die Liebe
erhellen
das Dunkel der Nacht

Licht

Wie im Traum -
singend, malend, beseelt.
Gehend die Erde spüren,
die Sonne, den Wind.

Ein Erleben der Stunden,
der Tage.
Minuten - so kostbar,
lebendig, ein erregendes Bild.

Duftende Kräuter,
Blüten und Blätter
am Weg, im Feld -
erzittern im Wind.

Ein Hauch Vergänglichkeit
berührt die Seele,
die Ahnung zu gehen -
beglückt im Licht.

Wachsen
wie ein Baum
atmen im Wind
des Lebens –

mitbestimmen
und denken
an Himmel
und Erde –

mithelfen
zum Leben
den Menschen
in Not –

schätzen
die Werte
des Lebens
und der Erde

› Baumgeschichten ‹ Pastell 2004

Es legt sich müd

der Tag hernieder

die Nacht fängt still

zu träumen an –

ein Stern verbirgt

sein Licht im Dunkel

auf seiner trauten

Himmelsbahn

› Abendstimmung ‹ Pastell 2005

Schmetterlingsträume

Rascheln und Wispern
im Dunkel der Nacht.
Mondlicht fällt zitternd
auf Blüten und Bäume.
Puppen und Larven
im Grase erwacht,
erwarten den Tag
ihrer Träume.

Tautropfen benetzen
die wärmende Hülle,
erwecken zu neuem Leben.
Eifrig, seidig,
Feen gleich,
schlüpfen die Falter –
dem nahenden Morgen
entgegen.

Die Sonne lässt glänzen
das Flügelkleid,
in sinnlich,
schimmernden Farben.
Der Falter fliegt auf,
spannt die Flügel weit,
in den begrenzten Erdentagen.

› Am Gardasee ‹ Mischtechnik 2003

Liebespfand

Der Stein –
ist kühl und feucht
in meiner Hand.
Du gabst ihn mir
den Stein –
als Liebespfand.

Nicht gesucht –
geschliffen
von brechenden Wellen
am Meer.
Im Licht des Mondes
erweckt zum Leben.

Ein Meilenstein –
für dich,
hast du gesagt.

› Ohne Titel ‹ Mischtechnik 2004

Überall ist Himmel

Eine Landschaft im Norden –
Wiesen, Felder, ein See, ein Fluss,
das Meer, und über allem der Himmel.
Nicht blau, noch grau,
mit und ohne Wolken.

Blauer Himmel im Süden – Wärme, Licht,
die Wolken weiß und rosa,
wie Zuckerwatte oder Bäume.
Ein ständig wechselnder Anblick –
nicht nur ein Himmel.

Der Himmel über mir –
er gibt mir Geborgenheit.
Am Tag und bei Nacht –
wo immer ich bin.
Wie langweilig ein Himmel ohne Wolken,
Sonne, Mond und Sterne.

Überall ist Himmel,
auch in mir –
wenn ich malend die Schöpfung betrachte.
Ich schaue zum Himmel,
sehe, höre, rieche, fühle –
die Erde.

› Grüne Welle II ‹ Pastell 2005

Im Sternenstaub

erklingt die Harfe

ein Lied des Mondes

strahlt im Glück –

von Tränen lächeln

leise Töne

komm, ach komm

zu mir zurück

› Schöpfung III ‹ Pastell 2004

Er breitet seine Arme aus,

verweht die Perlen

im schimmernden Licht.

Es gibt keinen Anfang,

es gibt kein Ende.

Der Strom – er fließt.

› Provence ‹ Pastell 2005

Was ist Glück?

Ist es Leben, Sonntag, Frieden?
Ich sitze an der Elbe –
schreibe , lese, zeichne und denke.
Ich denke nach, über den Sinn des Lebens.

Es ist warm, auch im Schatten,
der Wind rauscht in den Bäumen –
eine leise Melodie geht durch meinen Körper,
mit dem Wind und dieser Wärme
und – ich lebe.
Die Glocke vom nahen Kirchturm
ist nun still,
meine Gedanken fliegen zu lieben Menschen.

Ein Lastkahn zieht schwer
auf dem Strom, gen Norden.
All das ist Glück und Frieden
in mir – ich lebe.

› Landschaft im Süden ‹ Mischtechnik 2005

Sehnen

nach Meer und Wind –

ein Segelschiff am Horizont –

wo komm ich her

wo geht

die weite Reise hin –

gen Himmel

fliegt ein Blatt im Wind

› Licht ‹ Öl 2000

Am Tag erwacht

der Schöpfung Krone

deckt Wies und Feld

in Blütenstaub –

in Demut beugt sich

eine Rose –

gesegnet

sei auch du

› Rosenwind ‹ Ausschnitt, Acryl 2003

In der Provence

Und wenn ich nur säße und träumte –

so malte ich doch.

Keinen Blick meine Seele versäumte,

die Farben – ich mischte sie noch.

Der Himmel, die Sonne, die Erde –

bestimmen den Lebenslauf.

Ganz leise vernehm ich die Worte

ES WERDE – so höret es nimmer auf.

› La Provence ‹ Pastell 2005

Biografie

Charlott Ruth Kott, geb. 1937 in Leipzig.

Ausbildung zur Schriftsetzerin in der ›Gutenbergschule‹ Leipzig.

Seit 1954 wohnhaft in Braunschweig, Arbeit im Beruf in verschiedenen Druckereien. Heirat und Geburt von drei Söhnen.

1981 – 1985 Gaststudium an der HBK Braunschweig, Teilnahme an Editionen, Studienaufenthalte in der Provence.

Stipendium für die Internationale Sommerakademie Salzburg,

Stipendium des Landes Niedersachsen für Malerei in Frankreich.

Mitglied der GEDOK Niedersachsen, Gruppe Bildende Kunst und Literatur. Seit 1991 im Kunstverein Séguret.

Mitglied im Bund Bildender Künstler BBK und im IGBK, Internationale Gesellschaft der Bildenden Künstler.

Arbeitet als Freie Malerin und Bildhauerin in Braunschweig.

Teilnahme an zahlreichen Gruppen- und Einzelausstellungen im In- und Ausland.

Arbeiten im öffentlichen Besitz und Museen.

Kleine literarische Arbeiten zu Bildern und für Zeitungen.

In der Anthologie ›Begegnungen‹ vertreten mit der Erzählung: ›Wie schmeckt Blau?‹

Erste Buchveröffentlichung 2004 ›Ich Werde…‹ Wege der Malerin.

2006 vertreten im Buch ›Mit Spürsinn unterwegs‹ mit dem Beitrag: ›Schwarze Kunst‹